APRENDE A LEER Y ESCRIBIR

UNIENDO SÍLABAS Y FORMANDO PALABRAS

¡HOLA!

ESTE LIBRO LE PERTENECE A:

¡Hola, queridos lectores!

Soy un autor independiente y quiero agradecerles por adquirir mi libro educativo diseñado para enseñar a los niños a leer y escribir. Su apoyo significa mucho para mí y me encantaría conocer su opinión sobre mi trabajo.

Las evaluaciones en Amazon son increíblemente valiosas para mí. Cada reseña no solo me ayuda a mejorar y seguir creando contenido educativo de calidad, sino que también contribuye a que más padres y educadores descubran este recurso. Su feedback es esencial para mi crecimiento como autor y para la difusión de mis libros.

Si consideran que mi libro ha sido útil en la enseñanza de sus niños, les agradecería enormemente que dejaran una evaluación. Su apoyo y sus comentarios pueden marcar una gran diferencia en mi trabajo y en la experiencia de otros niños y sus familias.

¡Gracias por su tiempo y por ser parte de esta misión educativa!

Con gratitud,

Marcelo Cuevas Fernández.

Escanea este código QR
y déjanos tu reseña en
Amazon.com

Escanea este código QR
y descarga material gratuito
de apoyo

INTRODUCCIÓN

Este libro está diseñado para que los niños aprendan a leer y escribir de manera progresiva, comenzando con la unión de sílabas simples y avanzando hacia la formación de palabras más complejas. Es fundamental que un adulto acompañe al niño en este proceso, ayudándolo a leer las instrucciones y explicando cada paso para asegurar una comprensión clara de los conceptos.

Además de los ejercicios que incluye el libro, se recomienda realizar actividades adicionales como juegos de palabras, lectura de cuentos sencillos y prácticas de escritura. Estas actividades complementan el aprendizaje y lo hacen más dinámico y entretenido.

Con el apoyo constante de un adulto y el uso de este libro, el niño podrá desarrollar sus habilidades de lectura y escritura de manera divertida y efectiva, asimilando cada lección de forma natural y fluida.

EL ALFABETO

A	a	B	b	C	c	CH	ch	D	d
a	a	b	b	c	c	ch	ch	d	d

E	e	F	f	G	g	H	h	I	i
e	e	f	f	g	g	h	h	i	i

J	j	K	k	L	l	Ll	ll	M	m
j	j	k	k	l	l	ll	ll	m	m

N	n	Ñ	ñ	O	o	P	p	Q	q
n	n	ñ	ñ	o	o	p	p	q	q

R	r	S	s	T	t	U	u	V	v
r	r	s	s	t	t	u	u	v	v

W	w	X	x	Y	y	Z	z
w	w	x	x	y	y	z	z

ÍNDICE

Yo soy la "a" minúscula

Yo soy la "A" Mayúscula

Con tu dedo índice, traza la letra vocal "A" Mayúscula y la letra "a" minúscula

Árbol  se escríbe con "A"

Traza la vocal "A" mayúscula

A A A A A A A A A A

Repite la vocal "A" mayúscula

Traza la vocal "a" minúscula

a a a a a a a a a

Repite la vocal "a" minúscula

Con tu dedo índice, traza la letra vocal
"E" Mayúscula y la letra "e" minúscula

Elefante  se escríbe con "E"

Traza la vocal "E" mayúscula

E E E E E E E E E

Repite la vocal "E" mayúscula

Traza la vocal "e" minúscula

e e e e e e e e e

Repite la vocal "e" minúscula

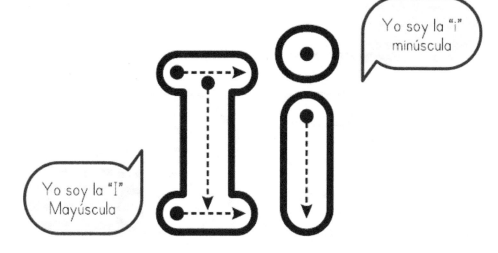

Con tu dedo índice, traza la letra vocal
"I" Mayúscula y la letra "i" minúscula

Iglú se escríbe con "I"

Traza la vocal "I" mayúscula

I I I I I I I I

Repite la vocal "I" mayúscula

Traza la vocal "i" minúscula

i i i i i i i i i

Repite la vocal "i" minúscula

Con tu dedo índice, traza la letra vocal
"O" Mayúscula y la letra "o" minúscula

Oveja se escríbe con "O"

Traza la vocal "O" mayúscula

Repite la vocal "O" mayúscula

Traza la vocal "o" minúscula

Repite la vocal "o" minúscula

U

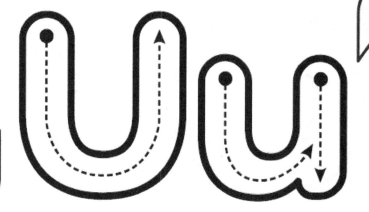

Yo soy la "U"
Mayúscula

Yo soy la "u"
minúscula

Con tu dedo índice, traza la letra vocal
"U" Mayúscula y la letra "u" minúscula

Uva  se escríbe con "U"

Traza la vocal "U" mayúscula

U U U U U U U U U

Repite la vocal "U" mayúscula

Traza la vocal "u" minúscula

u u u u u u u u u

Repite la vocal "u" minúscula

Colorea la vocal inicial de cada dibujo.

P

Con tu dedo índice, traza la letra consonante
"P" Mayúscula y la letra "p" minúscula

Si a la consonante le agregamos una de las 5 vocales (a, e, i, o, u)

Podremos formar las sílabas: | Pa | Pe | Pi | Po | Pu |

Y podremos armar palabras simples como:

Pipa

Traza la palabra:

Repite la palabra:

| Pa | Pe | Pi | Po | Pu |

P

Al combinar estas sílabas, ahora podemos formar palabras como:

| Pe | pa |

Pepa

| Pa | pá |

Papá

| Pa | pa |

Papa

| pu | pa |

pupa

| Pe | pe |

Pepe

| po | pa |

popa

P

Pa Pe Pi Po Pu

Vamos a repasar las sílabas trazándolas en mayúsculas y minúsculas.

PA	PA PA PA PA PA PA
pa	pa pa pa pa pa pa
PE	PE PE PE PE PE PE
pe	pe pe pe pe pe pe
PI	PI PI PI PI PI PI
pi	pi pi pi pi pi pi
PO	PO PO PO PO PO PO
po	po po po po po po
PU	PU PU PU PU PU PU
pu	pu pu pu pu pu pu

Colorea y encierra en un círculo los dibujos
que comienzan con la letra "P".

Yo soy la "L" Mayúscula

Yo soy la "l" minúscula

Con tu dedo índice, traza la letra consonante
"L" Mayúscula y la letra "l" minúscula

Si a la consonante **L** le agregamos una de las 5 vocales (a, e, i, o, u)

Podremos formar las sílabas: La Le Li Lo Lu

Y podremos armar frases como por ejemplo:

La Lupa

Traza la frase:

La Lupa

Repite la frase:

La | Le | Li | Lo | Lu

Y con las sílabas que hemos aprendido anteriormente,
ahora podemos escribir palabras como:

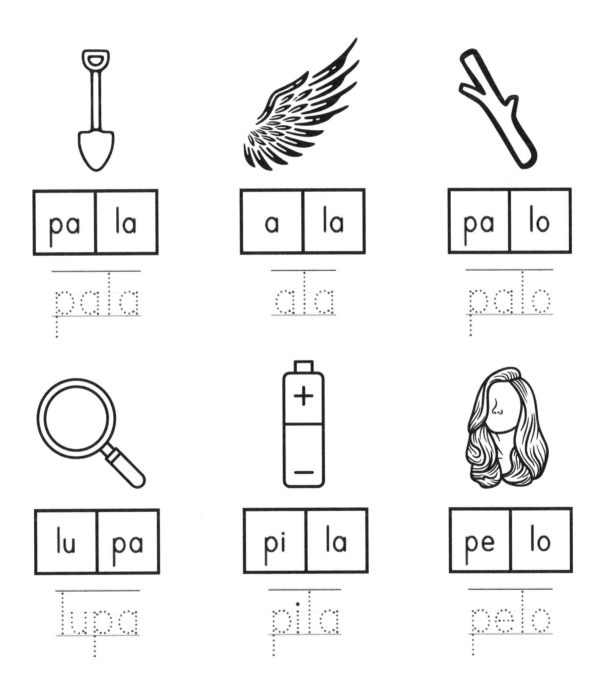

| pa | la |

pala

| a | la |

ala

| pa | lo |

palo

| lu | pa |

lupa

| pi | la |

pila

| pe | lo |

pelo

L

La Le Li Lo Lu

Vamos a repasar las sílabas trazándolas en mayúsculas y minúsculas.

LA	LA LA LA LA LA LA LA LA
la	la la la la la la
LE	LE LE LE LE LE LE
le	le le le le le le
LI	LI LI LI LI LI LI
li	li li li li li li
LO	LO LO LO LO LO LO
lo	lo lo lo lo lo lo
LU	LU LU LU LU LU LU
lu	lu lu lu lu lu lu

Escribe la sílaba correspondiente para completar
el nombre de la palabra

| La | Le | Li | Lo | Lu |

_____ mpara

_____ bro

_____ ntes

_____ ngua

_____ na

_____ piz

_____ ro

_____ bo

_____ món

Yo soy la "m" minúscula

Yo soy la "M" Mayúscula

Con tu dedo índice, traza la letra consonante "M" Mayúscula y la letra "m" minúscula

Si a la consonante le agregamos una de las 5 vocales (A,E,I,O,U)

Podremos formar las sílabas:

Y podremos armar frases como por ejemplo:

Mi mamá me ama

Traza la frase:

Mi mamá me ama

Repite la frase:

| Ma | Me | Mi | Mo | Mu |

Y con las sílabas que hemos aprendido anteriormente,
ahora podemos escribir palabras como:

| Ma | má |

Mamá

| ma | pa |

mapa

| li | ma |

lima

| pu | ma |

puma

| pa | lo | ma |

paloma

| ma | lo |

malo

M

Ma Me Mi Mo Mu

Vamos a repasar las sílabas trazándolas en mayúsculas y minúsculas.

MA	MA MA MA MA MA
ma	ma ma ma ma ma
ME	ME ME ME ME ME
me	me me me me me
MI	MI MI MI MI MI
mi	mi mi mi mi mi
MO	MO MO MO MO MO
mo	mo mo mo mo mo
MU	MU MU MU MU MU
mu	mu mu mu mu mu

Colorea y une cada dibujo trazando una línea
hasta su sílaba inicial.

| Ma | Me | Mi | Mo | Mu |

D

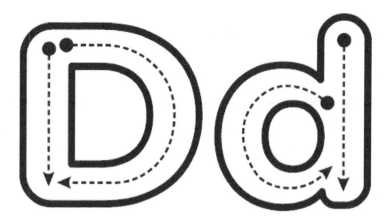

Yo soy la "d" minúscula

Yo soy la "D" Mayúscula

Con tu dedo índice, traza la letra consonante "D" Mayúscula y la letra "d" minúscula

Si a la consonante le agregamos una de las 5 vocales (a, e, i, o, u)

Podremos formar las sílabas:

Y podremos armar frases como por ejemplo:

El dedo de Pepe

Traza la frase:

Repite la frase:

Da De Di Do Du

D

Y con las sílabas que hemos aprendido anteriormente,
ahora podemos escribir palabras como:

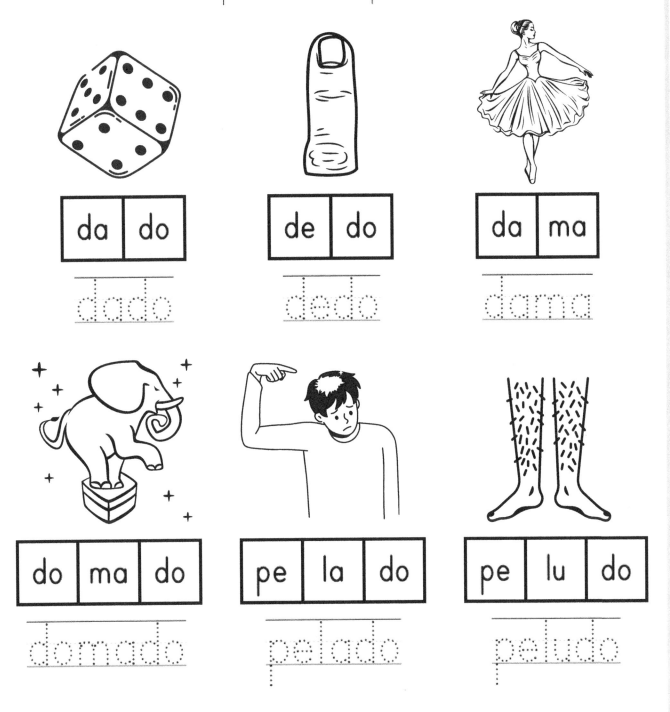

da	do

dado

de	do

dedo

da	ma

dama

do	ma	do

domado

pe	la	do

pelado

pe	lu	do

peludo

D

Da De Di Do Du

Vamos a repasar las sílabas trazándolas en mayúsculas y minúsculas.

DA	DA DA DA DA DA
da	da da da da da da
DE	DE DE DE DE DE
de	de de de de de de
DI	DI DI DI DI DI
di	di di di di di di
DO	DO DO DO DO DO
do	do do do do do do
DU	DU DU DU DU DU
du	du du du du du du

Escribe la sílaba correspondiente para completar
el nombre de la palabra.

| Da | De | Di | Do | Du |

 ( ) ente

 ( ) ende

 ( ) na

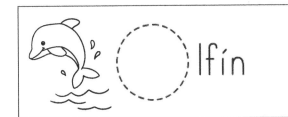 ( ) lfín

 ( ) cha

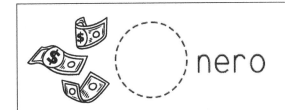 ( ) nero

 ( ) ploma

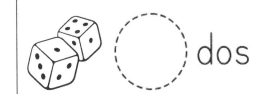 ( ) dos

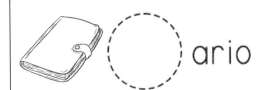 ( ) ario

 ( ) ce

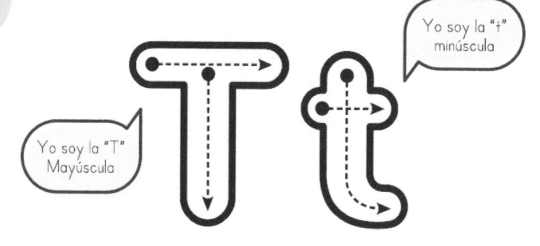

Con tu dedo índice, traza la letra consonante
"T" Mayúscula y la letra "t" minúscula

Si a la consonante le agregamos una de las 5 vocales (a, e, i, o, u)

Podremos formar las sílabas: Ta Te Ti To Tu

Y podremos armar frases como por ejemplo:

La pelota de mi tío

Traza la frase:

La pelota de mi tío

Repite la frase:

| Ta | Te | Ti | To | Tu |

Y con las sílabas que hemos aprendido anteriormente,
ahora podemos escribir palabras como:

| pa | to |

pato

| pe | lo | ta |

pelota

| te | la |

tela

| to | ma | te |

tomate

| ma | le | ta |

maleta

| ta | pe | te |

tapete

T

| Ta | Te | Ti | To | Tu |

Vamos a repasar las sílabas trazándolas en mayúsculas y minúsculas.

TA	TA TA TA TA TA TA TA
ta	ta ta ta ta ta ta
TE	TE TE TE TE TE TE
te	te te te te te te
TI	TI TI TI TI TI TI
ti	ti ti ti ti ti ti
TO	TO TO TO TO TO TO
to	to to to to to to
TU	TU TU TU TU TU TU
tu	tu tu tu tu tu tu

Colorea la sílaba que representa el sonido inicial de cada dibujo.

to · ti

ta · te

to · tu

tu · ta

te · ti

ta · to

ta · te

te · ta

te · ti

C

Con tu dedo índice, traza la letra consonante
"C" Mayúscula y la letra "c" minúscula

Si a la consonante le agregamos tres de las 5 vocales (a, o, u)

Podremos formar las sílabas:

Y podremos armar frases como por ejemplo:

Me como toda la comida

Traza la frase:

Me como toda la comida

Repite la frase:

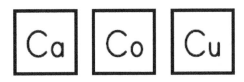

Ca Co Cu

Y con las sílabas que hemos aprendido anteriormente,
ahora podemos escribir palabras como:

ca	ma

cama

co	me	ta

cometa

co	pa

copa

co	co

coco

co	mi	da

comida

cu	cú

cucú

C

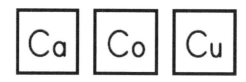

Vamos a repasar las sílabas trazándolas en mayúsculas y minúsculas.

CA	CA CA CA CA CA CA
ca	ca ca ca ca ca ca
CO	CO CO CO CO CO CO
co	co co co co co co
CU	CU CU CU CU CU CU
cu	cu cu cu cu cu cu

❝ Ahora aprendemos CA, CO y CU porque son más fáciles.
Más adelante, aprenderemos CE y CI.
¡Será emocionante y divertido! ❞

(ver página: 106)

Colorea la sílaba que representa el sonido inicial de cada dibujo.

C

Ca Co Cu

Ca Co Cu

Ca Co Cu

Ca Co Cu

Ca Co Cu

S

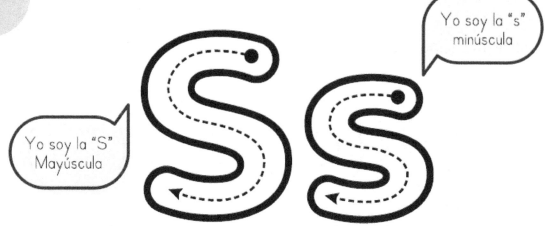

Yo soy la "S" Mayúscula

Yo soy la "s" minúscula

Con tu dedo índice, traza la letra consonante
"S" Mayúscula y la letra "s" minúscula

Si a la consonante le agregamos una de las 5 vocales (a, e, i, o, u)

Podremos formar las sílabas: | Sa | Se | Si | So | Su |

Y podremos armar frases como por ejemplo:

La casa del oso

Traza la frase:

La casa del oso

Repite la frase:

Sa | Se | Si | So | Su

Y con las sílabas que hemos aprendido anteriormente,
ahora podemos escribir palabras como:

sa	po

sapo

ca	mi	sa

camisa

so	pa

sopa

ca	sa

casa

o	so

oso

sa	co

saco

S

Sa Se Si So Su

Vamos a repasar las sílabas trazándolas en mayúsculas y minúsculas.

SA	SA SA SA SA SA SA
sa	sa sa sa sa sa sa
SE	SE SE SE SE SE SE
se	se se se se se se
SI	SI SI SI SI SI SI
si	si si si si si si
SO	SO SO SO SO SO SO
so	so so so so so so
SU	SU SU SU SU SU SU
su	su su su su su su

Encierra los dibujos que contengan la letra "S".

Menciona el nombre de cada dibujo y marca con una "X" la sílaba inicial.

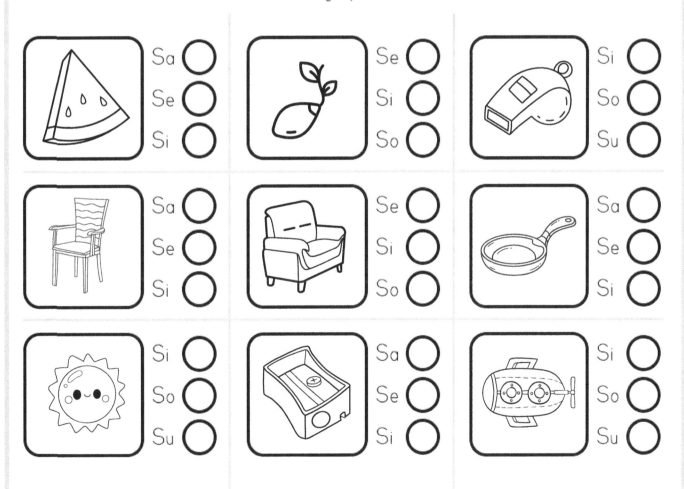

Sa ◯ Se ◯ Si ◯

Se ◯ Si ◯ So ◯

Si ◯ So ◯ Su ◯

Sa ◯ Se ◯ Si ◯

Se ◯ Si ◯ So ◯

Sa ◯ Se ◯ Si ◯

Si ◯ So ◯ Su ◯

Sa ◯ Se ◯ Si ◯

Si ◯ So ◯ Su ◯

Yo soy la "n" minúscula

Yo soy la "N" Mayúscula

Con tu dedo índice, traza la letra consonante
"N" Mayúscula y la letra "n" minúscula

Si a la consonante le agregamos una de las 5 vocales (a, e, i, o, u)

Podremos formar las sílabas:

Y podremos armar frases como por ejemplo:

El mono come maní

Traza la frase:

El mono come maní

Repite la frase:

Na Ne Ni No Nu — N

Y con las sílabas que hemos aprendido anteriormente,
ahora podemos escribir palabras como:

ni	do

nido

ma	no

mano

mo	no

mono

nu	do

nudo

ma	ní

maní

lu	na

luna

N

Na Ne Ni No Nu

Vamos a repasar las sílabas trazándolas en mayúsculas y minúsculas.

NA	NA NA NA NA NA NA
na	na na na na na na
NE	NE NE NE NE NE NE
ne	ne ne ne ne ne ne
NI	NI NI NI NI NI NI
ni	ni ni ni ni ni ni
NO	NO NO NO NO NO NO
no	no no no no no no
NU	NU NU NU NU NU NU
nu	nu nu nu nu nu nu

Repasa, lee y une cada palabra con su dibujo correspondiente

Molino

Pino

Duende

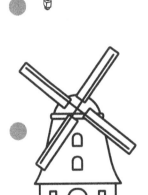

Monedas

Túnel

Piano

Limón

Pantalón

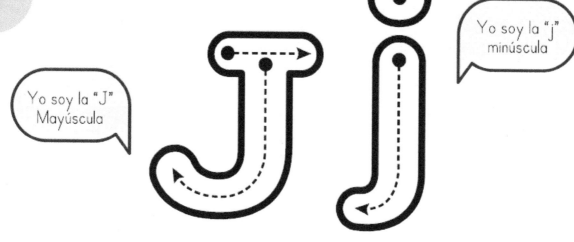

Con tu dedo índice, traza la letra consonante
"J" Mayúscula y la letra "j" minúscula

Si a la consonante $\boxed{J}$ le agregamos una de las 5 vocales (a, e, i, o, u)

Podremos formar las sílabas: $\boxed{Ja}$ $\boxed{Je}$ $\boxed{Ji}$ $\boxed{Jo}$ $\boxed{Ju}$

Y podremos armar frases como por ejemplo:

El conejo está cojo

Traza la frase:

Repite la frase:

Ja **Je** **Ji** **Jo** **Ju**

J

Y con las sílabas que hemos aprendido anteriormente,
ahora podemos escribir palabras como:

a	jo

ajo

pa	ja

paja

ca	ja

caja

te	ja	do

tejado

ji	ne	te

jinete

ja	le	a

jalea

J

Ja Je Ji Jo Ju

Vamos a repasar las sílabas trazándolas en mayúsculas y minúsculas.

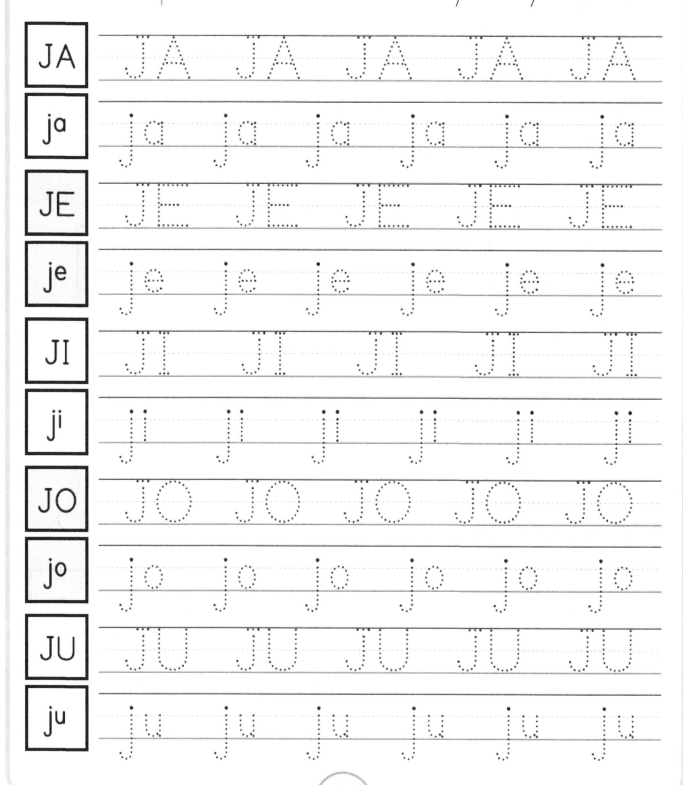

JA	JA JA JA JA JA
ja	ja ja ja ja ja ja
JE	JE JE JE JE JE
je	je je je je je je
JI	JI JI JI JI JI
ji	ji ji ji ji ji ji
JO	JO JO JO JO JO
jo	jo jo jo jo jo jo
JU	JU JU JU JU JU
ju	ju ju ju ju ju ju

Escribe la sílaba correspondiente para completar
el nombre de la palabra.

| Ja | Je | Ji | Jo | Ju |

 ( ) bón

 ( ) guetes

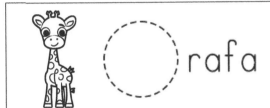 ( ) rafa

 ( ) rrón

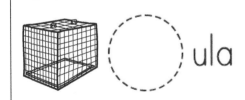 ( ) ula

 ( ) món

 ( ) go

 ( ) nete

 ( ) roba

 ( ) yas

B

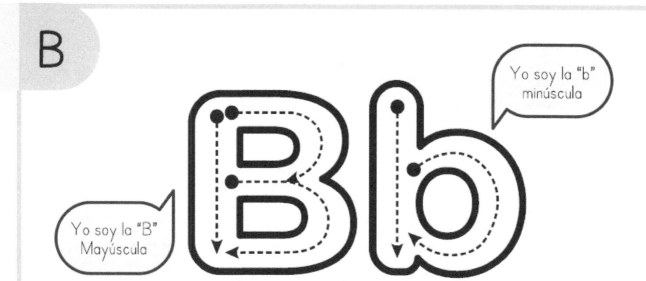

Con tu dedo índice, traza la letra consonante
"B" Mayúscula y la letra "b" minúscula

Si a la consonante le agregamos una de las 5 vocales (a, e, i, o, u)

Podremos formar las sílabas: | Ba | Be | Bi | Bo | Bu |

Y podremos armar frases como por ejemplo:

Mi bebé es bonito

Traza la frase:

Mi bebé es bonito

Repite la frase:

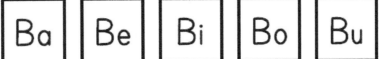

Ba   Be   Bi   Bo   Bu

Y con las sílabas que hemos aprendido anteriormente,
ahora podemos escribir palabras como:

bo	ca

boca

bu	ta	ca

butaca

bo	te

bote

bo	tas

botas

bus

bus

nu	be

nube

B

Ba | Be | Bi | Bo | Bu

Vamos a repasar las sílabas trazándolas en mayúsculas y minúsculas.

BA	BA BA BA BA BA BA
ba	ba ba ba ba ba ba
BE	BE BE BE BE BE BE
be	be be be be be be
BI	BI BI BI BI BI BI
bi	bi bi bi bi bi bi
BO	BO BO BO BO BO BO
bo	bo bo bo bo bo bo
BU	BU BU BU BU BU BU
bu	bu bu bu bu bu bu

Busca en la sopa de letras los nombres de estos dibujos.

 Balón

 Biberón

 Boleto

 Abeja

 Abanico

 Beso

 Bala

 Botón

```
A  B  M  F  L  R  A  B  E  J  A
F  I  B  U  S  H  Z  O  A  E  V
U  B  S  E  F  L  Q  T  U  I  M
B  E  S  O  D  B  K  Ó  G  M  J
B  R  Z  O  U  A  X  N  T  E  A
U  Ó  L  B  K  L  L  Y  K  Y  B
Q  N  O  O  X  A  T  E  H  Y  A
L  R  X  L  P  B  T  R  D  A  N
E  E  C  E  H  T  L  K  E  W  I
D  G  H  T  I  Q  C  P  T  O  C
S  O  Y  O  B  A  L  Ó  N  U  O
```

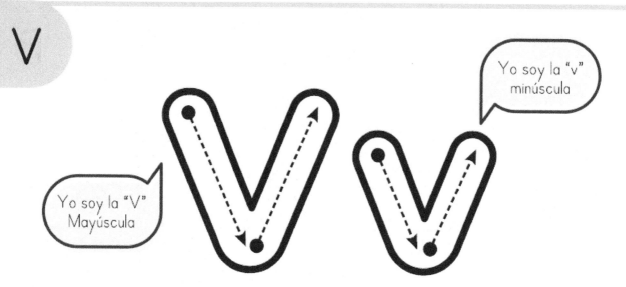

Con tu dedo índice, traza la letra consonante
"V" Mayúscula y la letra "v" minúscula

Si a la consonante le agregamos una de las 5 vocales (a, e, i, o, u)

Podremos formar las sílabas:

Y podremos armar frases como por ejemplo:

La oveja da lana

Traza la frase:

La oveja da lana

Repite la frase:

Va | Ve | Vi | Vo | Vu

Y con las sílabas que hemos aprendido anteriormente,
ahora podemos escribir palabras como:

| va | so |

vaso

| ve | na | do |

venado

| va | ca |

vaca

| ve | la |

vela

| u | va |

uva

| na | ve |

nave

V

Vamos a repasar las sílabas trazándolas en mayúsculas y minúsculas.

VA	VA VA VA VA VA VA
va	va va va va va va
VE	VE VE VE VE VE VE
ve	ve ve ve ve ve ve
VI	VI VI VI VI VI VI
vi	vi vi vi vi vi vi
VO	VO VO VO VO VO VO
vo	vo vo vo vo vo vo
VU	VU VU VU VU VU VU
vu	vu vu vu vu vu vu

Traza las palabras y escribe el nombre de cada dibujo.

Vida   Violeta   Volante   Vuelta
Avión   Vestido   Pavo   Nueve
Ventilador   Viento   Gaviota
Ventana   Violín   Victor
Volcán   Vaso   Uva

F

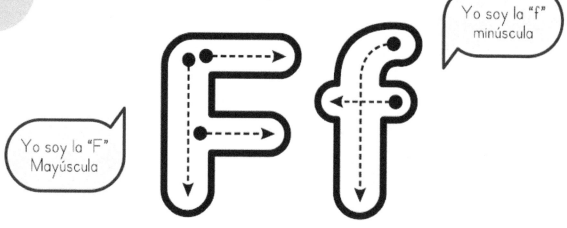

Con tu dedo índice, traza la letra consonante
"F" Mayúscula y la letra "f" minúscula

Si a la consonante le agregamos una de las 5 vocales (a, e, i, o, u)

Podremos formar las sílabas:

Y podremos armar frases como por ejemplo:

Fabiana toma café

Traza la frase:

Fabiana toma café

Repite la frase:

| Fa | Fe | Fi | Fo | Fu |

Y con las sílabas que hemos aprendido anteriormente,
ahora podemos escribir palabras como:

| fo | ca |

foca

| fa | mi | lia |

familia

| fo | co |

foco

| so | fá |

sofá

| te | lé | fo | no |

teléfono

| ca | fé |

café

F

| Fa | Fe | Fi | Fo | Fu |

Vamos a repasar las sílabas trazándolas en mayúsculas y minúsculas.

FA	FA FA FA FA FA FA FA
fa	fa fa fa fa fa fa
FE	FE FE FE FE FE FE
fe	fe fe fe fe fe fe
FI	FI FI FI FI FI FI FI
fi	fi fi fi fi fi fi
FO	FO FO FO FO FO FO FO
fo	fo fo fo fo fo fo
FU	FU FU FU FU FU FU FU
fu	fu fu fu fu fu fu

Resuelve el crucigrama con los nombres de los dibujos

LL

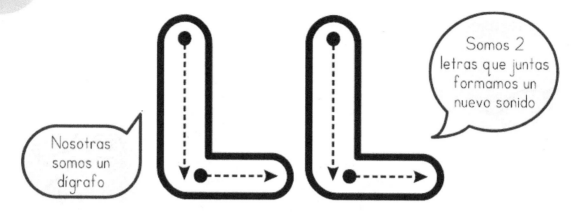

Con tu dedo índice, traza el dígrafo "LL"
que es un grupo de dos letras que representan un solo fonema (sonido)

Si a al dígrafo **LL** le agregamos una de las 5 vocales (a, e, i, o, u)

Podremos formar las sílabas: **Lla** **Lle** **Lli** **Llo** **Llu**

Y ya podremos armar frases mas complejas como por ejemplo:

La linda ballena nada en el océano con su bello ballenato

Traza la frase:

La linda ballena nada en el
océano con su bello ballenato

Repite la frase:

Lla	Lle	Lli	Llo	Llu

Y con las sílabas que hemos aprendido anteriormente,
ahora podemos escribir palabras como:

ba	lle	na

ballena

ce	bo	lla

cebolla

ca	ba	llo

caballo

bo	te	lla

botella

bi	lle	te

billete

ca	me	llo

camello

LL

Lla Lle Lli Llo Llu

Vamos a repasar las sílabas trazándolas en mayúsculas y minúsculas.

LLA	LLA LLA LLA LLA
lla	lla lla lla lla lla
LLE	LLE LLE LLE LLE
lle	lle lle lle lle lle
LLI	LLI LLI LLI LLI
lli	lli lli lli lli lli
LLO	LLO LLO LLO LLO
llo	llo llo llo llo llo
LLU	LLU LLU LLU LLU
llu	llu llu llu llu llu

Colorea la letra LL o L si el nombre de cada dibujo contiene estas letras.
¿Puedes diferenciarlas? ¡Vamos!

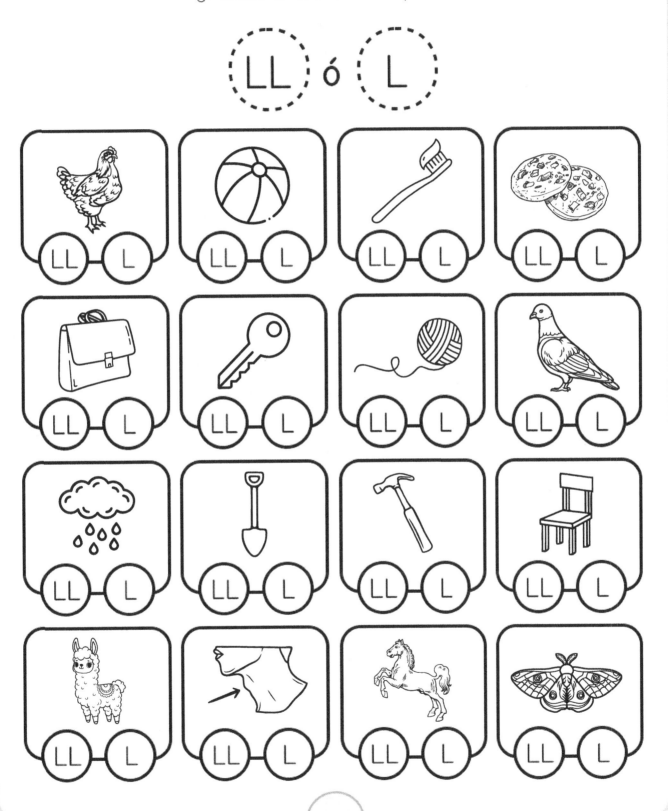

CH

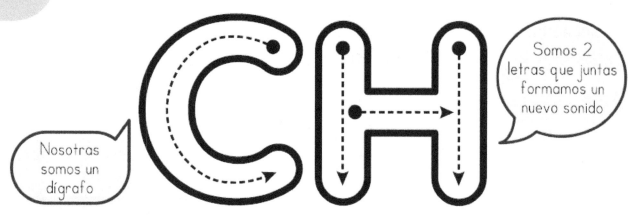

Con tu dedo índice, traza el dígrafo "CH"
que es un grupo de dos letras que representan un solo fonema (sonido)

Si a al dígrafo le agregamos una de las 5 vocales (a, e, i, o, u)

Podremos formar las sílabas:  Cha Che Chi Cho Chu

Y ya podremos armar frases mas complejas como por ejemplo:

Me encanta tomar leche con chocolate caliente

Traza la frase:

Me encanta tomar leche

con chocolate caliente

Repite la frase:

| Cha | Che | Chi | Cho | Chu |

Y con las sílabas que hemos aprendido anteriormente,
ahora podemos escribir palabras como:

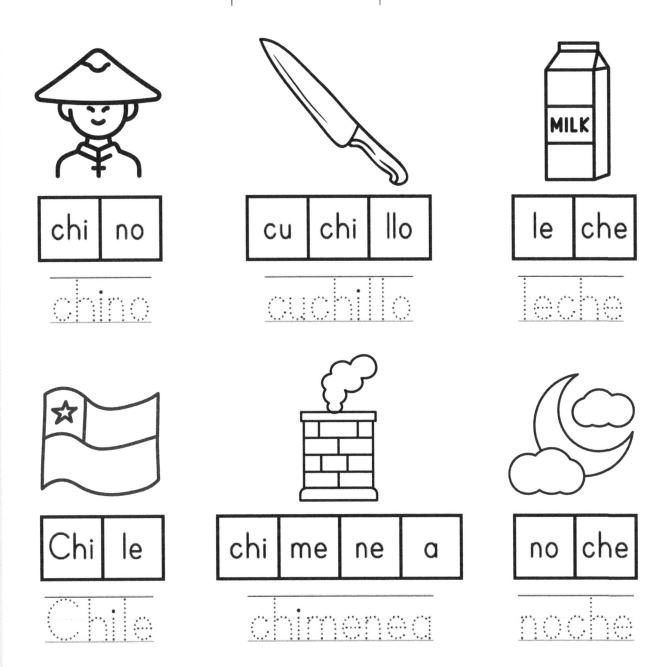

| chi | no |

chino

| cu | chi | llo |

cuchillo

| le | che |

leche

| Chi | le |

Chile

| chi | me | ne | a |

chimenea

| no | che |

noche

CH

Cha Che Chi Cho Chu

Vamos a repasar las sílabas trazándolas en mayúsculas y minúsculas.

CHA	CHA CHA CHA CHA
cha	cha cha cha cha cha
CHE	CHE CHE CHE CHE
che	che che che che che
CHI	CHI CHI CHI CHI
chi	chi chi chi chi chi
CHO	CHO CHO CHO CHO
cho	cho cho cho cho cho
CHU	CHU CHU CHU CHU
chu	chu chu chu chu chu

Ordena las sílabas y escríbelas correctamente

| ra | cha | cu | ca |

| le | cha | co |

| chi | mo | la |

| tu | chu | es |

| che | te | ma |

| che | co |

| chi | no | le |

| cha | lan |

| cha | con |

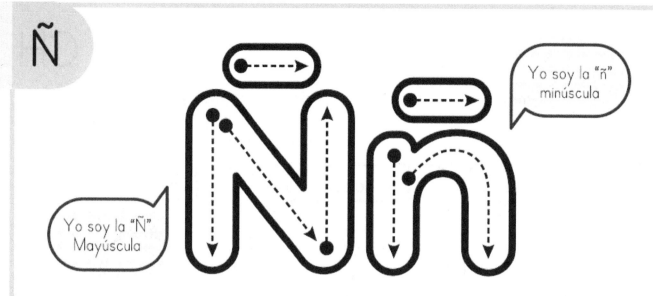

Con tu dedo índice, traza la letra consonante
"Ñ" Mayúscula y la letra "ñ" minúscula

Si a la consonante le agregamos una de las 5 vocales (a, e, i, o, u)

Podremos formar las sílabas: | Ña | Ñe | Ñi | Ño | Ñu |

Y ya podremos armar frases mas complejas como por ejemplo:

Este año viajé a España con mi abuelo José

Traza la frase:

Este año viajé a España
con mi abuelo José

Repite la frase:

Ña	Ñe	Ñi	Ño	Ñu

Y con las sílabas que hemos aprendido anteriormente,
ahora podemos escribir palabras como:

le	ña

leña

ca	ña

caña

pi	ña

piña

ni	ño

niño

mu	ñe	ca

muñeca

ba	ño

baño

Ñ

Ña Ñe Ñi Ño Ñu

Vamos a repasar las sílabas trazándolas en mayúsculas y minúsculas.

ÑA	ÑA ÑA ÑA ÑA ÑA ÑA
ña	ña ña ña ña ña ña
ÑE	ÑE ÑE ÑE ÑE ÑE ÑE
ñe	ñe ñe ñe ñe ñe ñe
ÑI	ÑI ÑI ÑI ÑI ÑI ÑI
ñi	ñi ñi ñi ñi ñi ñi
ÑO	ÑO ÑO ÑO ÑO ÑO ÑO
ño	ño ño ño ño ño ño
ÑU	ÑU ÑU ÑU ÑU ÑU ÑU
ñu	ñu ñu ñu ñu ñu ñu

Ñ

Observa las imágenes y completa el nombre de cada una.

P | | | | |

P | | | |

P | | |

C | | | |

C | | | | |

M | | | | |

S | | | |

M | | | | | |

R

Esta letra "R" se pronuncia con suavidad

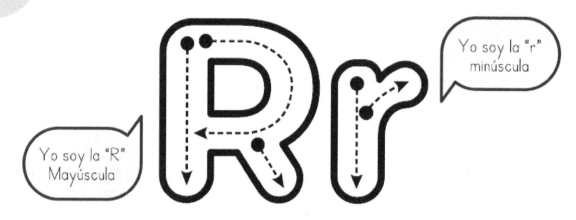

Yo soy la "R" Mayúscula

Yo soy la "r" minúscula

Con tu dedo índice, traza la letra consonante
"R" Mayúscula y la letra "r" minúscula

Si a la consonante le agregamos una de las 5 vocales (a, e, i, o, u)

Podremos formar las sílabas: | Ra | Re | Ri | Ro | Ru |

Y ya podremos armar frases mas complejas como por ejemplo:

Ese lorito me mira fijamente a la cara cuando canta

Traza la frase:

Ese lorito me mira fijamente
a la cara cuando canta

Repite la frase:

Ra Re Ri Ro Ru

Y con las sílabas que hemos aprendido anteriormente,
ahora podemos escribir palabras como:

lla	ve	ro

llavero

to	ro

toro

ca	ra	col

caracol

pe	ra

pera

ma	ri	po	sa

mariposa

lo	ro

loro

R

Ra | Re | Ri | Ro | Ru

Vamos a repasar las sílabas trazándolas en mayúsculas y minúsculas.

RA	RA RA RA RA RA RA RA
ra	ra ra ra ra ra ra
RE	RE RE RE RE RE RE
re	re re re re re re
RI	RI RI RI RI RI RI
ri	ri ri ri ri ri ri
RO	RO RO RO RO RO RO
ro	ro ro ro ro ro ro
RU	RU RU RU RU RU RU
ru	ru ru ru ru ru ru

Resuelve el crucigrama con los nombres de los dibujos

Esta letra "R" ubicada en la primera sílaba
se pronuncia con fuerza 💪

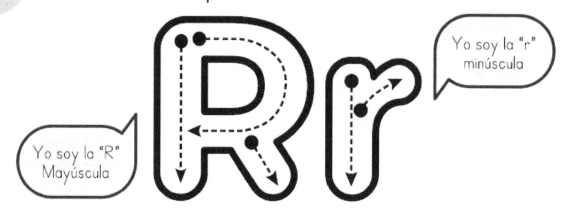

Con tu dedo índice, traza la letra consonante
"R" Mayúscula y la letra "r" minúscula

Si a la consonante le agregamos una de las 5 vocales (a, e, i, o, u)

Podremos formar las sílabas: | Ra | Re | Ri | Ro | Ru |

Y ya podremos armar frases mas complejas como por ejemplo:

Raúl le dió un ramo de rosas rojas a su amada Ramina

Traza la frase:

Raúl le dió un ramo de rosas

rojas a su amada Romina

Repite la frase:

Ra · Re · Ri · Ro · Ru

Y con las sílabas que hemos aprendido anteriormente,
ahora podemos escribir palabras como:

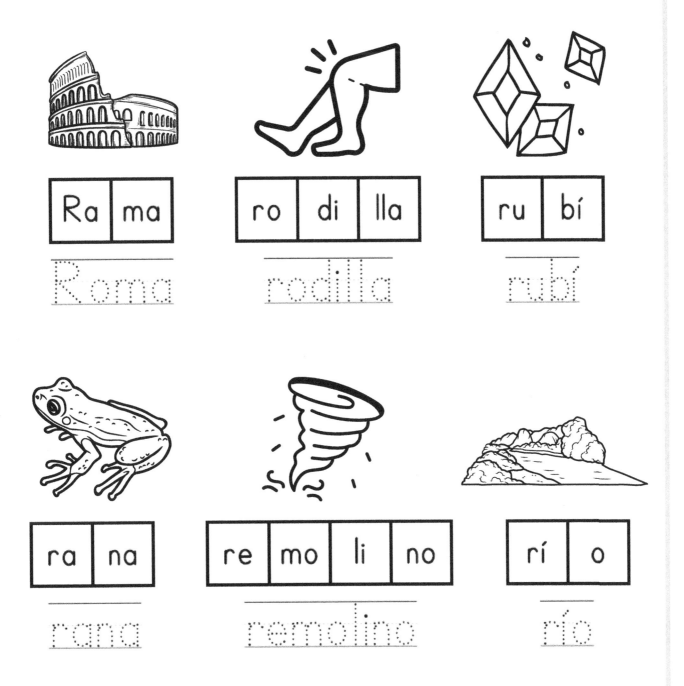

Ra	ma

Roma

ro	di	lla

rodilla

ru	bí

rubí

ra	na

rana

re	mo	li	no

remolino

rí	o

río

R

Vamos a repasar las sílabas trazándolas en mayúsculas y minúsculas.

RA	RADIO RADIO
ra	racimo racimo racimo
RE	REMOTO REMOTO
re	repisa repisa repisa
RI	RINCÓN RINCÓN
ri	rienda rienda rienda
RO	RODEO RODEO
ro	roedor roedor roedor
RU	RUMANIA RUMANIA
ru	rueda rueda rueda

Traza una línea para unir cada palabra con la R que le corresponde
(R con sonido fuerte o R con sonido suave). ¿Puedes identificar su sonido?

CUCHA**RA**

RELACIÓN

CA**RA**COL

RISADO

PA**RA**ISO

MA**RI**DO

RELOJ

CA**RA**MELO

MO**RE**NA

MA**RI**NO

RODAMIENTO

PA**RA**DE**RO**

CABALLE**RO**

RUSIA

(con sonido suave)

(con sonido fuerte)

Esta letra "doble RR" se pronuncia con fuerza 💪

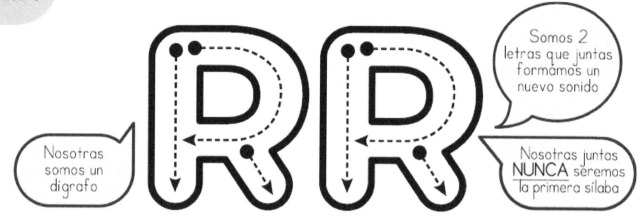

Con tu dedo índice, traza el dígrafo **"RR"**
que es un grupo de dos letras que representan un solo fonema (sonido)

Si a al dígrafo le agregamos una de las 5 vocales (a, e, i, o, u)

Podremos formar las sílabas:

Y ya podremos armar frases mas complejas como por ejemplo:

El carro rojo derrapó en la carretera mojada

Traza la frase:

El carro rojo derrapó en la
carretera mojada

Repite la frase:

| rra | rre | rri | rro | rru |

Y con las sílabas que hemos aprendido anteriormente,
ahora podemos escribir palabras como:

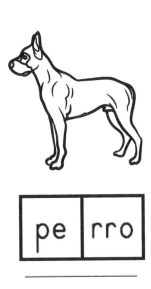

| pe | rro |

perro

| se | rru | cho |

serrucho

| to | rre |

torre

| bu | rro |

burro

| ca | rre | ta |

carreta

| ja | rro |

jarro

RR

| rra | rre | rri | rro | rru |

Vamos a repasar las sílabas trazándolas en mayúsculas y minúsculas.

RRA	RRA RRA RRA RRA
rra	rra rra rra rra rra
RRE	RRE RRE RRE RRE
rre	rre rre rre rre rre
RRI	RRI RRI RRI RRI
rri	rri rri rri rri rri
RRO	RRO RRO RRO RRO
rro	rro rro rro rro rro
RRU	RRU RRU RRU RRU
rru	rru rru rru rru rru

Colorea y completa las letras "r" o "rr" con los que
se escribe el nombre de cada uno de los dibujos

..........eloj

(r) (rr)

cucha......a

(r) (rr)

go......a

(r) (rr)

ca......amelo

(r) (rr)

ca......uaje

(r) (rr)

..........ueda

(r) (rr)

ba......il

(r) (rr)

ca......acol

(r) (rr)

pue......ta

(r) (rr)

Z

Con tu dedo índice, traza la letra consonante
"Z" Mayúscula y la letra "z" minúscula

Si a la consonante le agregamos una de las 5 vocales (a, e, i, o, u)

Podremos formar las sílabas:

Za Ze Zi Zo Zu

Y ya podremos armar frases mas complejas como por ejemplo:

Zulema usó sus zapatos azules para bailar

Traza la frase:

Zulema usó sus zapatos
azules para bailar

Repite la frase:

Za | Ze | Zi | Zo | Zu

Y con las sílabas que hemos aprendido anteriormente,
ahora podemos escribir palabras como:

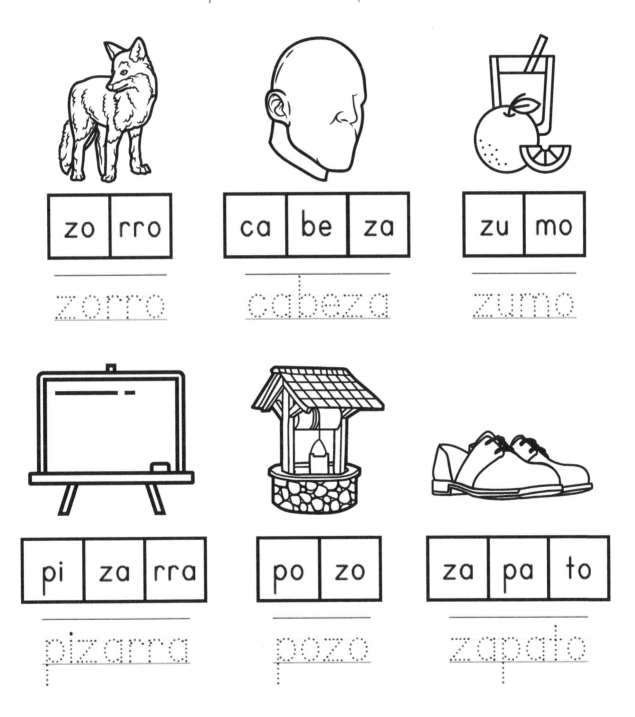

| zo | rro |

zorro

| ca | be | za |

cabeza

| zu | mo |

zumo

| pi | za | rra |

pizarra

| po | zo |

pozo

| za | pa | to |

zapato

Z

Za Ze Zi Zo Zu

Vamos a repasar las sílabas trazándolas en mayúsculas y minúsculas.

ZA   ZA ZA ZA ZA ZA ZA

za   za za za za za za

ZE   ZE ZE ZE ZE ZE

ze   ze ze ze ze ze ze

ZI   ZI ZI ZI ZI ZI ZI

zi   zi zi zi zi zi zi

ZO   ZO ZO ZO ZO ZO

zo   zo zo zo zo zo zo

ZU   ZU ZU ZU ZU ZU

zu   zu zu zu zu zu zu

Ahora que has avanzado, lee cada palabra
y únelas con su dibujo correspondiente.

CORAZÓN

PEZ

MANZANA

NARIZ

CABEZA

CALABAZA

ZAPATILLA

ERIZO

TAZA

CHORIZO

BALANZA

LAZO

ARROZ

LÁPIZ

G

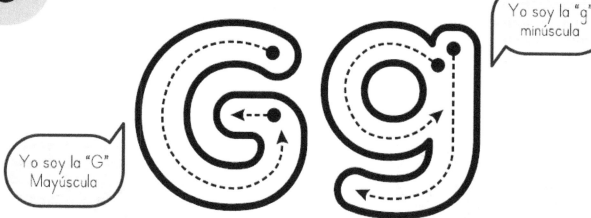

Con tu dedo índice, traza la letra consonante
"G" Mayúscula y la letra "g" minúscula

Si a la consonante le agregamos una de las 5 vocales (a, e, i, o, u)

Podremos formar las sílabas: Ga Gue Gui Go Gu

Y ya podremos armar frases mas complejas como por ejemplo:

a mi amigo Gastón le gusta tocar la guitarra

Traza la frase:

a mi amigo Gastón le

gusta tocar la guitarra

Repite la frase:

 Gue Gui "La letra U en GUE y GUI no se escucha. Solo decimos GE y GI. Por ejemplo, en 'guitarra' decimos 'gi-tarra' y en 'guerra' decimos 'ge-rra'."

Ga	Gue	Gui	Go	Gu

Y con las sílabas que hemos aprendido anteriormente,
ahora podemos escribir palabras como:

ga	to

gato

gu	sa	no

gusano

ga	llo

gallo

go	ri	la

gorila

gue	rra

guerra

gui	ta	rra

guitarra

G

Ga Gue Gui Go Gu

Vamos a repasar las sílabas trazándolas en mayúsculas y minúsculas.

GA	GA GA GA GA GA
ga	ga ga ga ga ga ga
Gue	GUE GUE GUE GUE
gue	gue gue gue gue gue
Gui	GUI GUI GUI GUI
gui	gui gui gui gui gui
GO	GO GO GO GO GO
go	go go go go go go
GU	GU GU GU GU GU
gu	gu gu gu gu gu gu

Lee y traza cada frase, lo que te ayudará a entender
cómo se pronuncia cada una de ellas.

Gabriel el bombero apaga el fuego.
El gato canta todas las mañanas.
Las gallinas comen gusanitos.
El gorila es goloso cuando come bananas.
A mi gato le encanta jugar con mi perro.

Regué todas las plantas con mi manguera.
Miguel tiene muchos juguetes.
Guillermo toca muy bien su guitarra.
Me encanta comer guinda en verano.
La guerra no es buena para nadie.

Q

Yo soy la "Q" Mayúscula

Yo soy la "q" minúscula

Con tu dedo índice, traza la letra consonante
"Q" Mayúscula y la letra "q" minúscula

Si a la consonante le agregamos dos de las 5 vocales (e, i)

Podremos formar las sílabas:

Y ya podremos armar frases mas complejas como por ejemplo:

Mi querida madre quiere comer un poquito de queso

Traza la frase:

Mi querida madre quiere
comer un poquito de queso

Repite la frase:

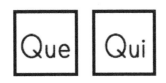

Que Qui

Y con las sílabas que hemos aprendido anteriormente,
ahora podemos escribir palabras como:

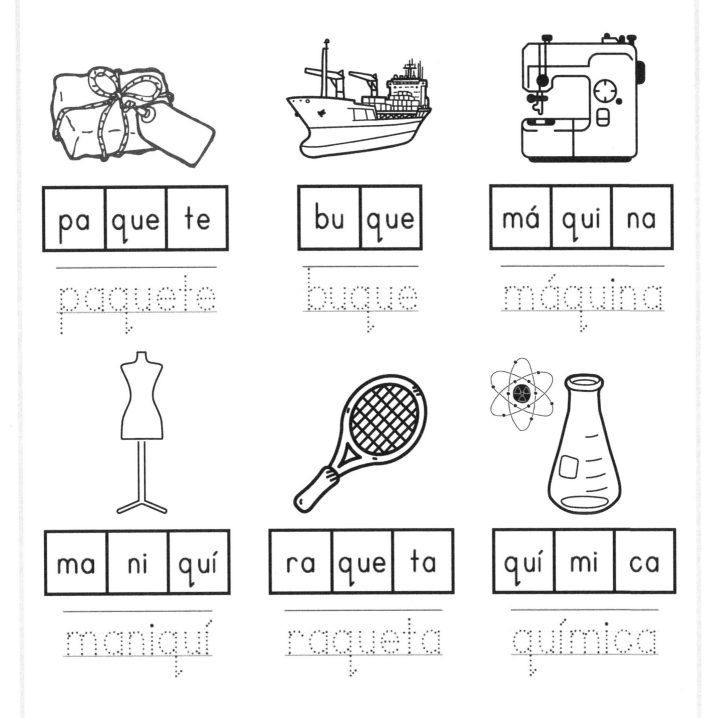

pa	que	te

paquete

bu	que

buque

má	qui	na

máquina

ma	ni	quí

maniquí

ra	que	ta

raqueta

quí	mi	ca

química

Q

Vamos a repasar las sílabas trazándolas en mayúsculas y minúsculas.

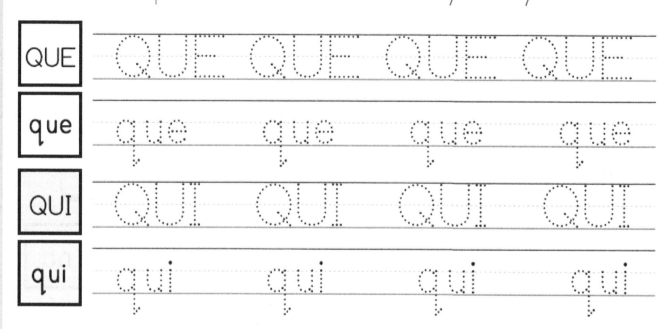

QUE	QUE QUE QUE QUE
que	que que que que
QUI	QUI QUI QUI QUI
qui	qui qui qui qui

Lee, traza y aprende estas palabras que contienen las sílabas QUE y QUI.

Peluquero, Querubín, Vaquero,
Etiqueta, Esquimal, Esquí,
Mantequilla, Barquillo, Bosque,
Líquido, Estanque, Quirófano,
Maqueta, Mosquito, Queso.

Completa las palabras con las sílabas correctas

(Que) (Qui)

.... rubín

bar............ llo

pa .... te

va .... ro

mante............ lla

bu ....

.... mono

ra .... ta

.... jote

.... tasol

es .... mal

.... rófano

as es
is
os us

| as | es | is | os | us |

SON SÍLABAS INVERSAS

(Una sílaba inversa empieza con vocal y termina con una consonante)

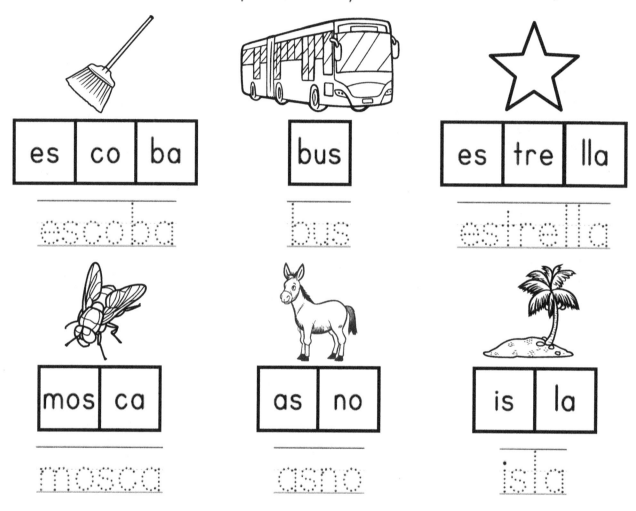

| es | co | ba |

escoba

| bus |

bus

| es | tre | lla |

estrella

| mos | ca |

mosca

| as | no |

asno

| is | la |

isla

Traza la frase:

Las manos están sucias

Repite la frase:

| al | el | il | ol | ul |

SON SÍLABAS INVERSAS

(Una sílaba inversa empieza con vocal y termina con una consonante)

| ca | ra | col |

caracol

| pul | po |

pulpo

| al | fi | ler |

alfiler

| pas | tel |

pastel

| vol | cán |

volcán

| mi | sil |

misil

Traza la frase:

El saltamonte salta alto

Repite la frase:

ar	er	ir	or	ur

SON SÍLABAS INVERSAS
(Una sílaba inversa empieza con vocal y termina con una consonante)

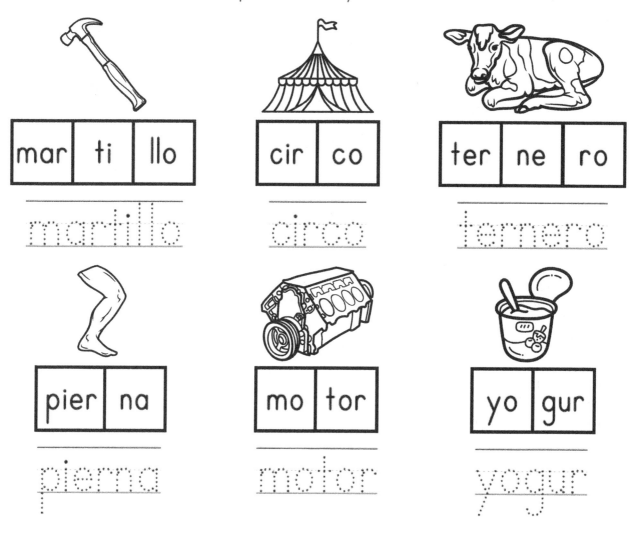

mar	ti	llo

martillo

cir	co

circo

ter	ne	ro

ternero

pier	na

pierna

mo	tor

motor

yo	gur

yogur

Traza la frase:

La ardilla sube al árbol

Repite la frase:

an	en	in	on	un

SON SÍLABAS INVERSAS

(Una sílaba inversa empieza con vocal y termina con una consonante)

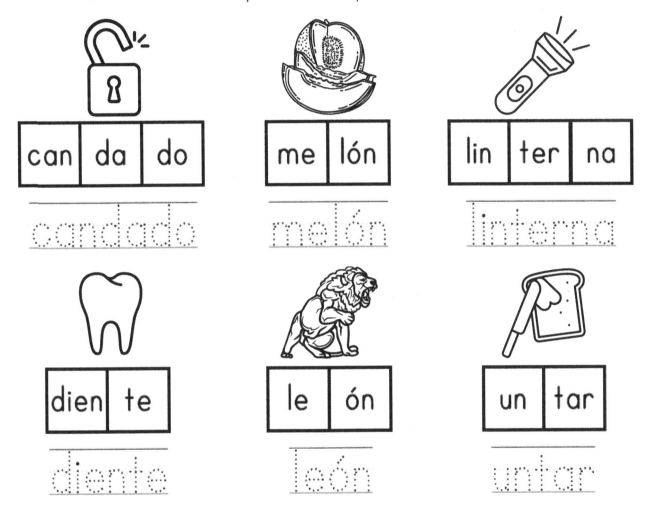

can	da	do

candado

me	lón

melón

lin	ter	na

linterna

dien	te

diente

le	ón

león

un	tar

untar

Traza la frase:

Alonso pintó mi ventana

Repite la frase:

| am | em | im | om | um |

SON SÍLABAS INVERSAS

(Una sílaba inversa empieza con vocal y termina con una consonante)

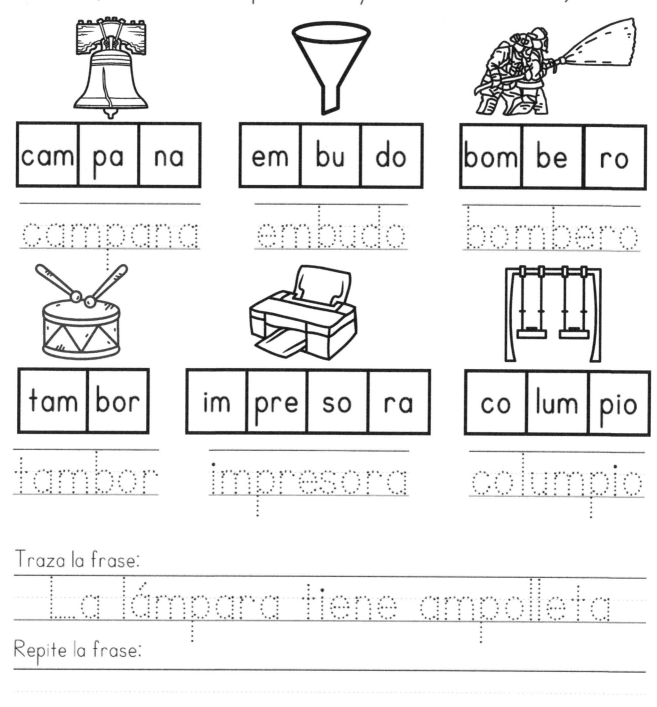

| cam | pa | na |

campana

| em | bu | do |

embudo

| bom | be | ro |

bombero

| tam | bor |

tambor

| im | pre | so | ra |

impresora

| co | lum | pio |

columpio

Traza la frase:

La lámpara tiene ampolleta

Repite la frase:

Colorea la sílaba inversa que representa el
sonido inicial de cada dibujo.

on · or

is · ir

am · an

ar · an

om · on

an · as

es · en

al · an

es · en

Y

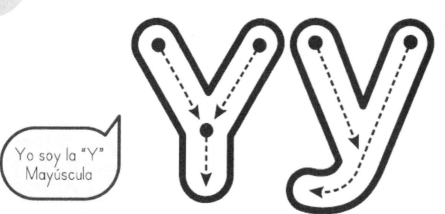

Yo soy la "Y" Mayúscula

Yo soy la "y" minúscula

Con tu dedo índice, traza la letra consonante
"Y" Mayúscula y la letra "y" minúscula

Si a la consonante le agregamos una de las 5 vocales (a, e, i, o, u)

Podremos formar las sílabas:  Ya Ye Yi Yo Yu

Y ya podremos armar frases mas complejas como por ejemplo:

Yolanda siempre desayuna yogur con frutas y cereales

Traza la frase:

Yolanda siempre desayuna

yogur con frutas y cereales

Repite la frase:

| Ya | Ye | Yi | Yo | Yu |

Y con las sílabas que hemos aprendido anteriormente,
ahora podemos escribir palabras como:

| ye | ma |

yema

| pa | ya | so |

payaso

| ya | te |

yate

| ye | so |

yeso

| yun | que |

yunque

| ye | gua |

yegua

Y

| Ya | Ye | Yi | Yo | Yu |

Vamos a repasar las sílabas trazándolas en mayúsculas y minúsculas.

YA	YA YA YA YA YA
ya	ya ya ya ya ya ya
YE	YE YE YE YE YE
ye	ye ye ye ye ye ye
YI	YI YI YI YI YI
yi	yi yi yi yi yi yi
YO	YO YO YO YO YO
yo	yo yo yo yo yo yo
YU	YU YU YU YU YU
yu	yu yu yu yu yu yu

Ordena las sílabas y escríbelas correctamente

| ta | yun | to | mien | a |

| yó | yo |

| ya | pa | pa |

| ne | yo | ma | sa |

| yor | do | ma | mo |

| yas | jo |

| sa | yu | de | no |

| yo | ra |

| ga | yo |

Za Ce Ci Zo Zu

Y con las sílabas que hemos aprendido anteriormente,
ahora podemos escribir palabras como:

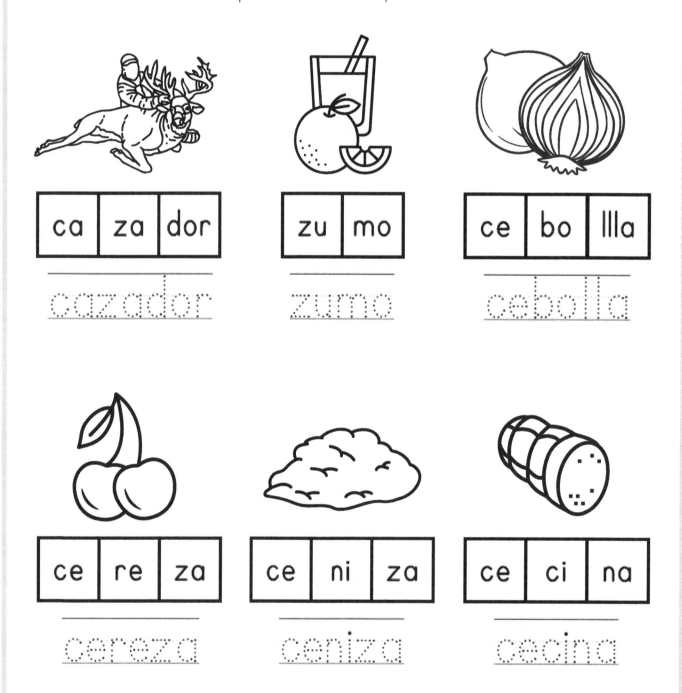

ca	za	dor

cazador

zu	mo

zumo

ce	bo	llla

cebolla

ce	re	za

cereza

ce	ni	za

ceniza

ce	ci	na

cecina

Colorea y completa las letras "ce, ci" o "ze, zi" con los que
se escribe el nombre de cada uno de los dibujos

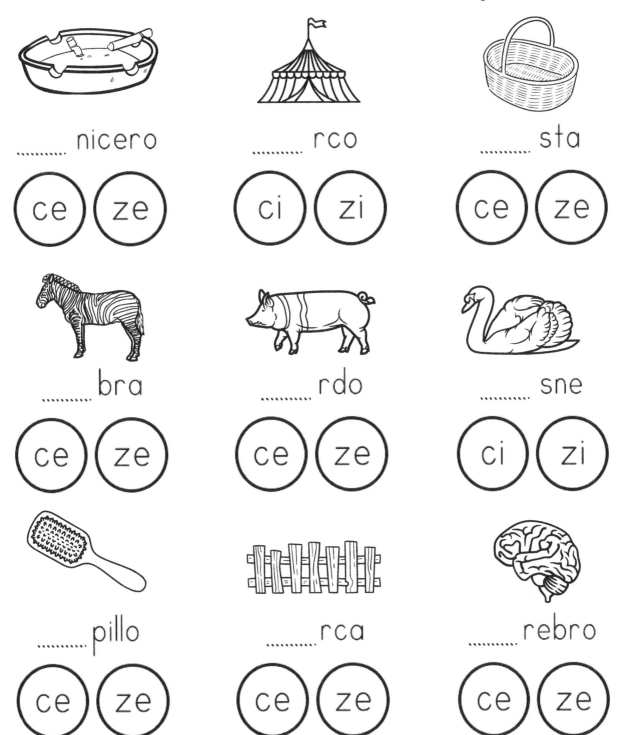

.... nicero

(ce) (ze)

.... rco

(ci) (zi)

.... sta

(ce) (ze)

.... bra

(ce) (ze)

.... rdo

(ce) (ze)

.... sne

(ci) (zi)

.... pillo

(ce) (ze)

.... rca

(ce) (ze)

.... rebro

(ce) (ze)

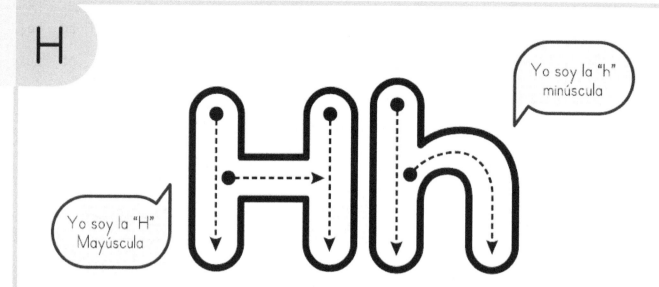

Yo soy la "h" minúscula

Yo soy la "H" Mayúscula

Con tu dedo índice, traza la letra consonante
"H" Mayúscula y la letra "h" minúscula

Si a la consonante le agregamos una de las 5 vocales (a, e, i, o, u)

Podremos formar las sílabas:

Y ya podremos armar frases mas complejas como por ejemplo:

Helena hornea pan con harina en su horno

Traza la frase:

Helena hornea pan con
harina en su horno

Repite la frase:

 "La letra H es silenciosa. No hace ningún sonido. Por ejemplo, en 'huevo', solo escuchamos 'uevo'."

Y con las sílabas que hemos aprendido anteriormente,
ahora podemos escribir palabras como:

ho	tel

hotel

ho	ja

hoja

hu	mo

humo

bú	ho

búho

he	la	do

helado

ha	cha

hacha

H

Ha He Hi Ho Hu

Vamos a repasar las sílabas trazándolas en mayúsculas y minúsculas.

HA	HA HA HA HA HA HA
ha	ha ha ha ha ha ha
HE	HE HE HE HE HE HE
he	he he he he he he
HI	HI HI HI HI HI HI
hi	hi hi hi hi hi hi
HO	HO HO HO HO HO HO
ho	ho ho ho ho ho ho
HU	HU HU HU HU HU HU
hu	hu hu hu hu hu hu

Lee y dibuja lo que lees en los siguientes cuatro recuadros.

HAMBURGUESA

COHETE

HADA

ZANAHORIA

| Ja | Ge | Gi | Jo | Ju |

Y con las sílabas que hemos aprendido anteriormente,
ahora podemos escribir palabras como:

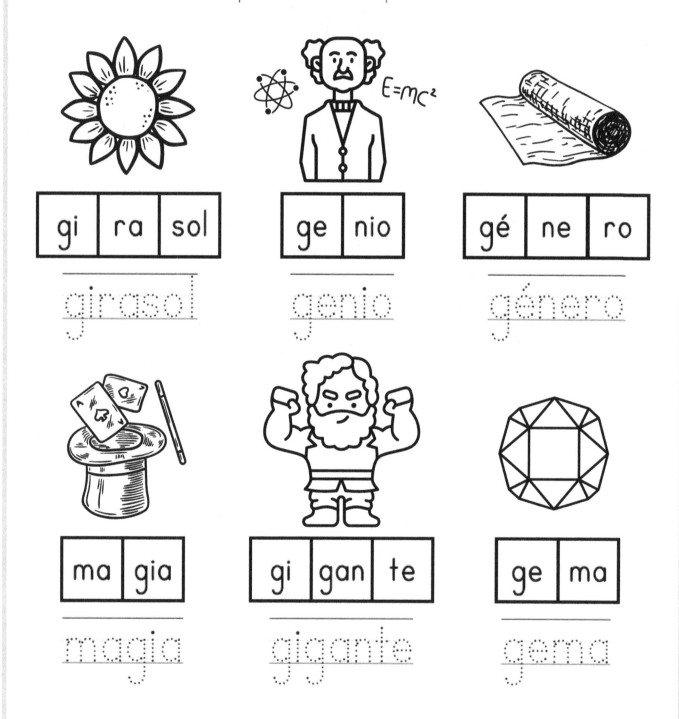

| gi | ra | sol |

girasol

| ge | nio |

genio

| gé | ne | ro |

género

| ma | gia |

magia

| gi | gan | te |

gigante

| ge | ma |

gema

Colorea y completa las letras "ge,je" o "gi, ji" con los que
se escribe el nombre de cada uno de los dibujos

.... neral

(ge) (je)

.... rafa

(gi) (ji)

.... fe

(ge) (je)

.... nete

(gi) (ji)

.... latina

(ge) (je)

.... mnasia

(gi) (ji)

.... tana

(gi) (ji)

ti .... ras

(ge) (je)

cole .... o

(gi) (ji)

K

Con tu dedo índice, traza la letra consonante
"K" Mayúscula y la letra "k" minúscula

Si a la consonante le agregamos una de las 5 vocales (a, e, i, o, u)

Podremos formar las sílabas:

Y ya podremos armar frases mas complejas como por ejemplo:

Karina comió arroz y papitas con ketchup

Traza la frase:

Karina comió arroz y
papitas con ketchup

Repite la frase:

 "La letra 'K' se usa en palabras extranjeras y técnicas, como 'kilo' o 'kárate', pero en palabras normales en español usamos 'qu' o 'c'."

Ka Ke Ki Ko Ku

K

Y con las sílabas que hemos aprendido anteriormente,
ahora podemos escribir palabras como:

ki	lo

kilo

ká	ra	te

kárate

ket	chup

ketchup

kios	co

kiosco

ko	a	la

koala

ki	wi

kiwi

K

| Ka | Ke | Ki | Ko | Ku |

Vamos a repasar las sílabas trazándolas en mayúsculas y minúsculas.

| KA |
| ka |
| KE |
| ke |
| KI |
| ki |
| KO |
| ko |
| KU |
| ku |

KA KA KA KA KA

ka ka ka ka ka ka

KE KE KE KE KE

ke ke ke ke ke ke

KI KI KI KI KI

ki ki ki ki ki ki

KO KO KO KO KO

ko ko ko ko ko ko

KU KU KU KU KU

ku ku ku ku ku ku

Marca con una X la palabra que esté correctamente escrita.

- ◯ karaoke
- ◯ caraoque

- ◯ cayac
- ◯ kayak

- ◯ canasta
- ◯ kanasta

- ◯ quitasol
- ◯ kitasol

- ◯ cuna
- ◯ kuna

- ◯ vikingo
- ◯ viquingo

- ◯ bikini
- ◯ biquini

- ◯ poker
- ◯ poquer

- ◯ moskito
- ◯ mosquito

X

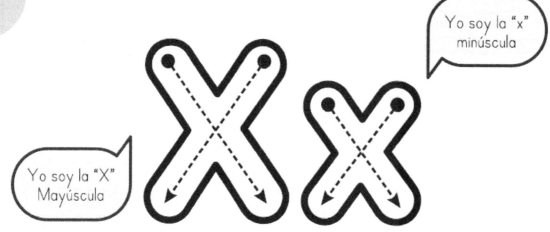

Yo soy la "X" Mayúscula

Yo soy la "x" minúscula

Con tu dedo índice, traza la letra consonante
"X" Mayúscula y la letra "x" minúscula

Si a la consonante le agregamos una de las 5 vocales (a, e, i, o, u)

Podremos formar las sílabas:

Y ya podremos armar frases mas complejas como por ejemplo:

Ximena tomó un taxi para visitar a su amigo Félix

Traza la frase:

Ximena tomó un taxi para
visitar a su amigo Félix

Repite la frase:

Xa Xe Xi Xo Xu

X

Y con las sílabas que hemos aprendido anteriormente,
ahora podemos escribir palabras como:

ta	xi

taxi

xi	ló	fo	no

xilófono

e	xa	men

examen

bo	xe	o

boxeo

me	xi	ca	no

mexicano

sa	xo	fón

saxofón

X

| Xa | Xe | Xi | Xo | Xu |

Vamos a repasar las sílabas trazándolas en mayúsculas y minúsculas.

XA	XA XA XA XA XA XA
xa	xa xa xa xa xa xa
XE	XE XE XE XE XE
xe	xe xe xe xe xe xe
XI	XI XI XI XI XI
xi	xi xi xi xi xi xi
XO	XO XO XO XO XO
xo	xo xo xo xo xo xo
XU	XU XU XU XU XU
xu	xu xu xu xu xu xu

Traza y conoce estas palabras que contienen la letra X

Exótico   Extraño   Exprimir

Exigente   Oxígeno   Texto

Reflexión   Máximo   Expreso

Axila   Exacto   Extremo

Éxito   Contexto   Reflexión

Exportar   Tóxico   Exquisito

Expedición   Expansión   Expulsar

Extranjero   Excluir   Explicar

Extinción   Laxante   Asfixia

Maxilar   Existe   Extintor

Excusas   Conexión   Próximo

Experto   Nexo   Experimento

Yo soy la "w" minúscula

Yo soy la "W" Mayúscula

Con tu dedo índice, traza la letra consonante "W" Mayúscula y la letra "w" minúscula

Si a la consonante le agregamos una de las 5 vocales (a, e, i, o, u)

Podremos formar las sílabas:

Y ya podremos armar frases mas complejas como por ejemplo:

Wendy buscó una receta de waffles en la web.

Traza la frase:

Wendy buscó una receta
de waffles en la web

Repite la frase:

 La W en español se usa en palabras extranjeras como "wifi", "web", "whisky", "waterpolo", y "windsurf

Wa We Wi Wo Wu

W

Y con las sílabas que hemos aprendido anteriormente,
ahora podemos escribir palabras como:

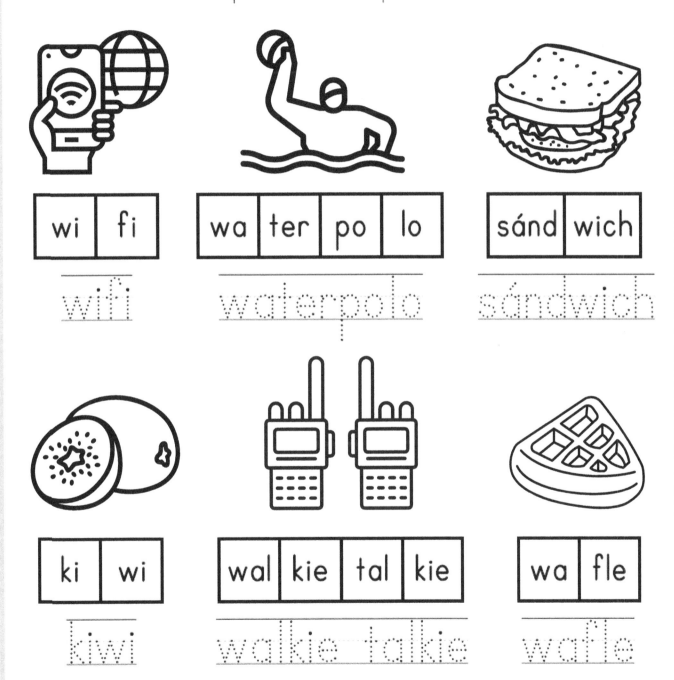

wi	fi

wifi

wa	ter	po	lo

waterpolo

sánd	wich

sándwich

ki	wi

kiwi

wal	kie	tal	kie

walkie talkie

wa	fle

wafle

W

Vamos a repasar las sílabas trazándolas en mayúsculas y minúsculas.

WA	WA WA WA WA WA
wa	wa wa wa wa wa wa
WE	WE WE WE WE WE
we	we we we we we we
WI	WI WI WI WI WI
wi	wi wi wi wi wi wi
WO	WO WO WO WO WO
wo	wo wo wo wo wo wo
WU	WU WU WU WU WU
xu	wu wu wu wu wu wu

Busca en la sopa de letras los nombres de estos dibujos.

Walkman

Waflera

Kiwi

Taekwondo

Windsurf

Wifi

Waterpolo

Webcam

```
A  B  M  F  L  W  A  B  E  J  T
F  W  E  B  C  A  M  O  A  E  A
U  B  S  E  F  T  Q  W  U  I  E
B  W  A  F  L  E  R  A  G  M  K
B  I  Z  O  U  R  X  L  T  E  W
U  F  L  B  K  P  L  K  K  Y  O
Q  I  O  O  X  O  T  M  H  Y  N
L  R  X  L  P  L  T  A  D  A  D
K  I  W  I  H  O  L  N  E  W  O
D  G  H  T  I  Q  C  P  T  O  R
W  I  N  D  S  U  R  F  N  U  R
```

| pla | ple | pli | plo | plu |

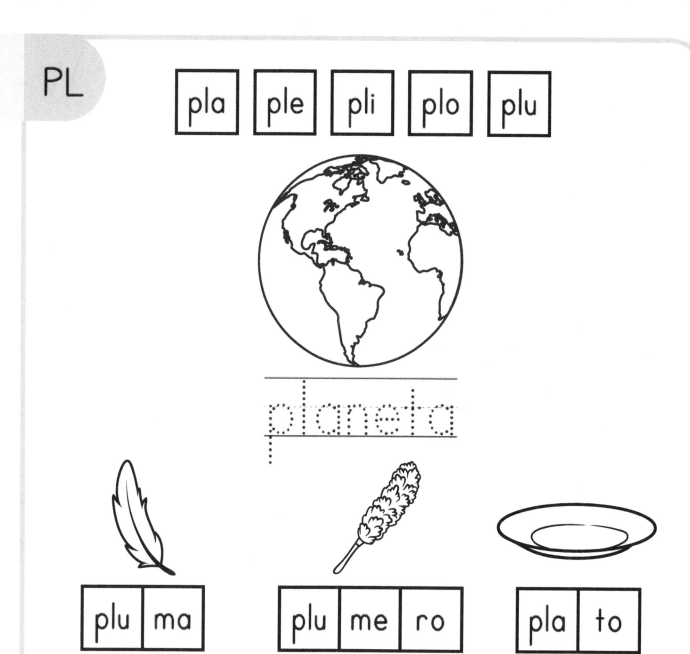

planeta

| plu | ma |

| plu | me | ro |

| pla | to |

pluma

plumero

plato

Traza estas palabras que contienen el grupo consonántico "PL"

templo - plutón - plano - plomero
complicado - plátano - plata
completo - platillo - plancha

| bla | ble | bli | blo | blu |

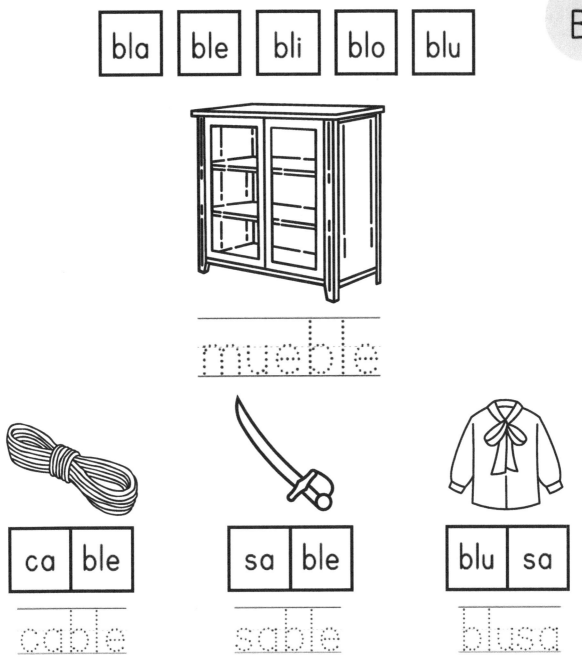

mueble

| ca | ble |

cable

| sa | ble |

sable

| blu | sa |

blusa

Traza estas palabras que contienen el grupo consonántico "BL"

blindaje ·· bloque ·· roble ·· blanco
tablero ·· cable ·· neblina ·· blando
temblor ·· pueblo ·· doble

127

| gla | gle | gli | glo | glu |

globos

| i | glú |

| i | gle | sia |

| re | gla |

iglú

iglesia

regla

Traza estas palabras que contienen el grupo consonántico "GL"

glicerina ·· glosario ·· glotón ·· gloria
glóbulo ·· glúteo ·· glándula ·· glaciar
anglo ·· jungla ·· inglés

| fla | fle | fli | flo | flu |

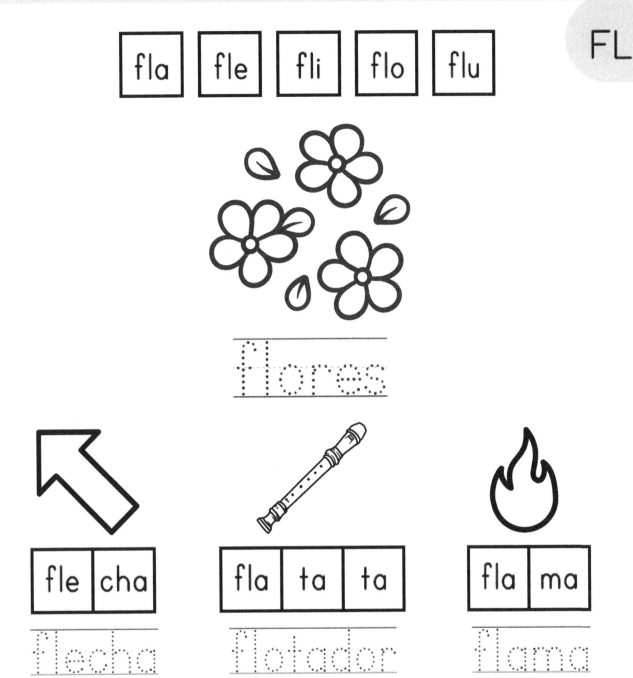

flores

| fle | cha |

flecha

| fla | ta | ta |

flotador

| fla | ma |

flama

Traza estas palabras que contienen el grupo consonántico "FL"

flamenco ~ rifle ~ fluor ~ florecer
flaco ~ florida ~ flan ~ flautista
fluido ~ flota ~ flácido ~ flojo

CL

| cla | cle | cli | clo | clu |

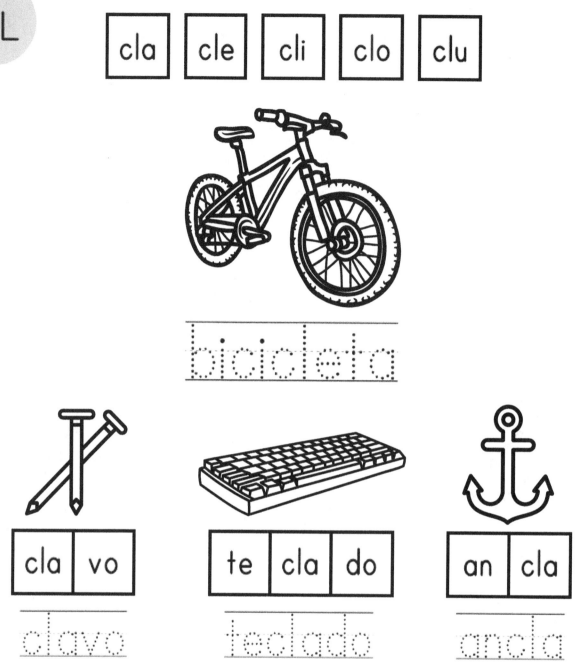

biciclleta

| cla | vo |

clavo

| te | cla | do |

teclado

| an | cla |

ancla

Traza estas palabras que contienen el grupo consonántico "CL"

claro ~ clarinete ~ cloaca ~ club

cloro ~ teclas ~ recluta ~ clásico

cliente ~ clavel ~ clave ~ clonar

| pra | pre | pri | pro | pru |

profesor

| pre | mio |

premio

| prin | ce | sa |

princesa

| pre | so |

preso

Traza estas palabras que contienen el grupo consonántico "PR"

presidente ~ primaria ~ prisa ~ presea

producto ~ prueba ~ pradera ~ prima

compra ~ prisión ~ previa ~ prójimo

| tra | tre | tri | tro | tru |

trineo

| tré | bol |

trébol

| es | tre | lla |

estrella

| tri | go |

trigo

Traza estas palabras que contienen el grupo consonántico "TR"

tres ‑ trotar ‑ tren ‑ triple ‑ trampa
triste ‑ cuatro ‑ traje ‑ estrecho
trueno ‑ tronco ‑ tropa ‑ trufa

| bra | bre | bri | bro | bru |

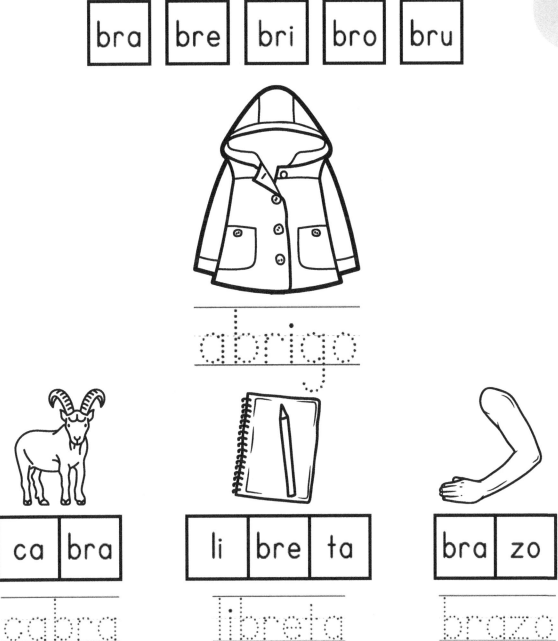

abrigo

| ca | bra |

cabra

| li | bre | ta |

libreta

| bra | zo |

brazo

Traza estas palabras que contienen el grupo consonántico "BR"

pobre ·· hombre ·· sobre ·· brillo ·· timbre

febrero ·· broche ·· fiebre ·· fábrica

bruja ·· broma ·· bruto ·· cobre

| cra | cre | cri | cro | cru |

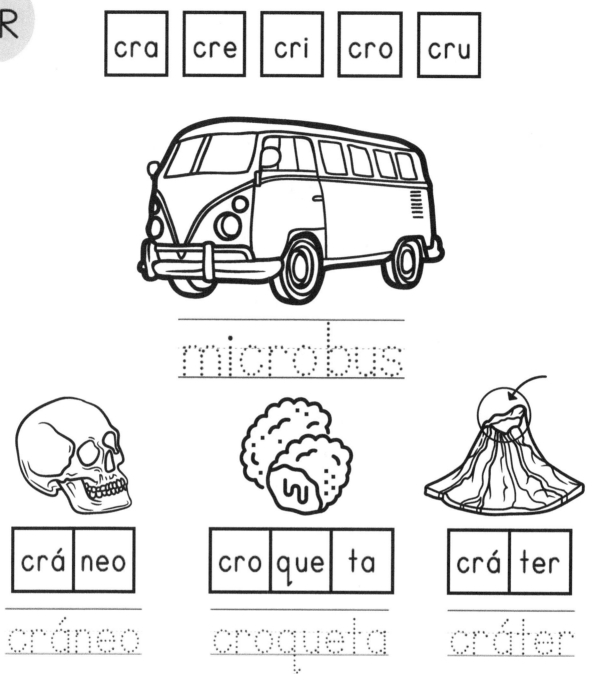

microbus

| crá | neo |

| cro | que | ta |

| crá | ter |

cráneo

croqueta

cráter

Traza estas palabras que contienen el grupo consonántico "CR"

crepúsculo ¨ crustáceo ¨ cremallera

cruce ¨ cremar ¨ cristal ¨ crudo

croquera ¨ crucigrama ¨ criollo

| dra | dre | dri | dro | dru |

dragón

| ma | dre |

madre

| la | dri | llo |

ladrillo

| la | drón |

ladrón

Traza estas palabras que contienen el grupo consonántico "DR"

drama · drenaje · dramático · cuadrado ·
escuadrón · cilindro · liendre · almendra
padrón · madriguera · madrugar · piedra

| fra | fre | fri | fro | fru |

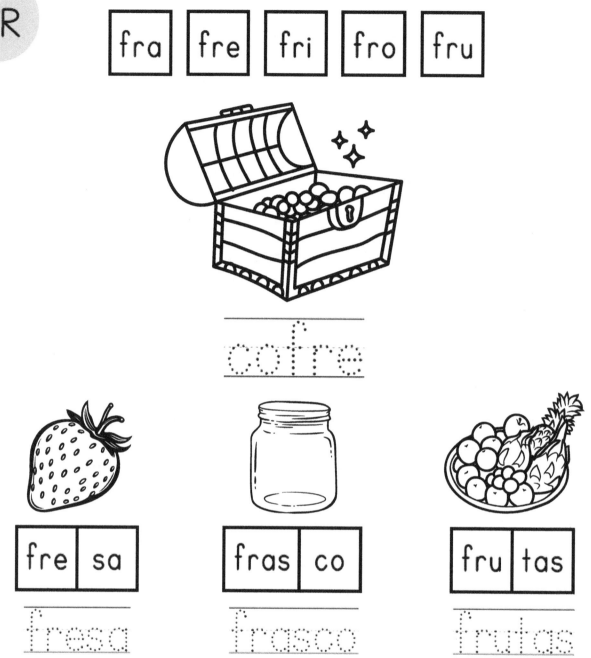

cofre

fre | sa

fras | co

fru | tas

fresa

frasco

frutas

Traza estas palabras que contienen el grupo consonántico "FR"

frito - frenillo - frenar - frágil
fritura - Francia - África - frío
frontera - frente - fresco - fritura

| gra | gre | gri | gro | gru |

tigre

| grú | a |

grúa

| fo | tó | gra | fo |

fotógrafo

| gri | fo |

grifo

Traza estas palabras que contienen el grupo consonántico "GR"

lágrima ·· milagro ·· gratis ·· negro
grafica ·· gritar ·· peligro ·· alegría
gracias ·· grosería ·· sangre ·· mugre

güe | güi

La diéresis (los dos puntos) sobre la "u" indica que la vocal "u" debe ser pronunciada, a diferencia de otros casos donde el sonido "u" queda silenciado por la "g".

cigüeña

pingüino

Traza la frase:

Averigüé dónde vive el pingüino

Traza estas palabras que contienen diéresis

agüero ‑ cigüeña ‑ bilingüe ‑ lingüista
vergüenza ‑ desagüe ‑ antigüedad
lengüeta ‑ paragüitas ‑ ungüento

Colorea y completa las sílabas correctas "gue, gui" o "güe, güi"
con los que se escribe el nombre de cada uno de los dibujos

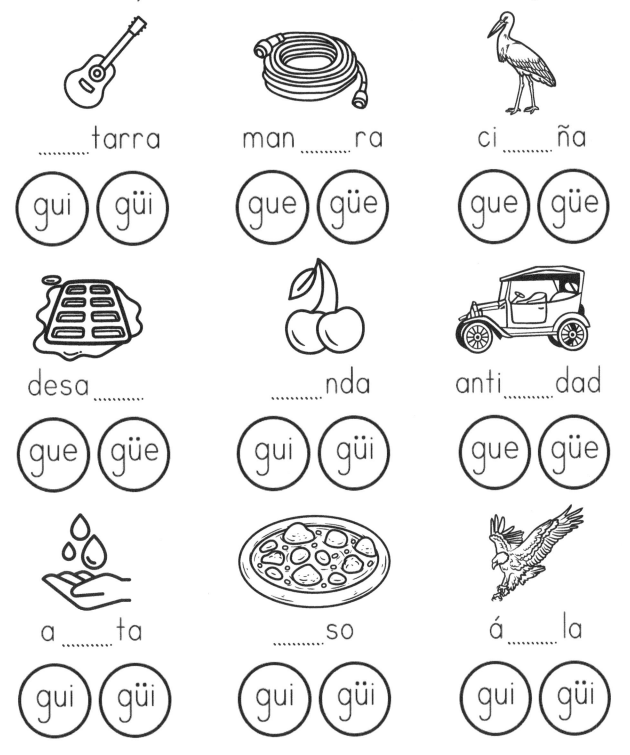

_____tarra

gui   güi

man_____ra

gue   güe

ci_____ña

gue   güe

desa_____

gue   güe

_____nda

gui   güi

anti_____dad

gue   güe

a_____ta

gui   güi

_____so

gui   güi

á_____la

gui   güi

Escribe la primera sílaba de cada uno de los dibujos.

ZA TE RA VE MO MI NA LI GO TO
SA CA RI DI BO KO ME GA FO LO BI

Ordena las sílabas y escríbelas correctamente

bo	lla	ce
ve	do	na
ca	mu	ñe

ra	col	ca
ca	za	be
gu	no	sa

za	man	na
ves	do	ti
bi	rón	be

Une con una línea la palabra con el dibujo correspondiente.

ARAÑA

TROFEO

ESPEJO

PARAGUAS

ARDILLA

AVIÓN

ZANAHORIA

BALLENA

PEGAMENTO

RADIO

RELOJ

PALA

RUEDA

CHOCOLATE

CONEJO

SOMBRERO

CÁMARA

Escribe el nombre de cada dibujo.

Completa las oraciones utilizando las palabras del recuadro

pelota	libro	jaula	neumático	pan	cuadernos

agua	hora	hilo	lápiz	cristal

El perro encontró una [_____]

La mesa tiene un [_____] encima.

El niño dibujó con un [_____] en el papel.

La cocina huele a [_____] recién horneado.

El pájaro está dentro de la [_____]

La mochila está llena de [_____]

El coche necesita un [_____] nuevo.

El gato juega con un [_____] enredado.

La ventana tiene un [_____] roto.

El reloj marca la [_____] exacta.

El vaso está lleno de [_____] fría

Lee la descripción y dibuja la escena.

En la playa, hay un <u>castillo</u> de arena con una <u>bandera</u> de color roja en la punta. Cerca del castillo, hay una <u>pelota</u> de playa de colores y una <u>sombrilla</u> con rayas. Al lado de la sombrilla, hay una <u>toalla</u> de rayas con una <u>botella</u> de agua. El mar está tranquilo, y una <u>gaviota</u> vuela sobre el agua. En la arena, también hay algunas <u>conchas</u> y un <u>cangrejo</u> pequeño caminando.

El Viaje Espacial de Lucas

Lucas era un niño de diez años que soñaba con las estrellas. Cada noche miraba el cielo y se preguntaba qué sería volar al espacio. Un día, mientras leía un libro sobre astronautas, encontró una nota secreta dentro. Decía: "Si tienes un sueño, ¡puedes hacerlo realidad!"

Esa noche, mientras dormía, Lucas se despertó en una nave espacial brillante y moderna. "¡Estoy en el espacio!" exclamó. La nave era mágica, y su abuelo, que era un astronauta retirado, estaba a bordo. "¡Hola, Lucas! Vamos a explorar el espacio juntos," dijo el abuelo con una sonrisa.

La nave despegó y pronto estaban flotando entre las estrellas. Lucas vio planetas de colores, asteroides brillantes y una luna enorme. "¡Mira ese planeta verde!" dijo Lucas, señalando un planeta cubierto de bosques.

La nave se acercó a un planeta con montañas doradas y ríos plateados. Allí, conocieron a unos amigables alienígenas con grandes ojos y sonrisas cálidas. Los alienígenas les mostraron su mundo lleno de aventuras y juegos.

Después de un día emocionante explorando, la nave volvió a casa. Lucas se despidió de sus nuevos amigos y de su abuelo. Cuando despertó en su cama, pensó que había sido un sueño increíble. Pero en su escritorio encontró una pequeña estrella dorada que había traído del espacio.

Desde entonces, Lucas seguía mirando las estrellas con una sonrisa, recordando su increíble viaje espacial y sabiendo que los sueños pueden hacerse realidad.

El Conejito y la Ardilla Aventurera

En un bosque alegre, vivían dos amigos: un conejito llamado Timo y una ardilla llamada Nuca. Timo era conocido por ser muy rápido y curioso, mientras que Nuca siempre estaba llena de energía y le encantaba trepar árboles.

Un día, mientras Timo estaba explorando el bosque, encontró un mapa antiguo en el suelo. El mapa tenía dibujos de árboles, riachuelos y una gran "X" roja en un lugar desconocido. Timo decidió que debía seguir el mapa y encontrar el tesoro escondido.

Corrió a buscar a Nuca, que estaba trepando un gran roble. "¡Nuca, mira lo que encontré!" exclamó Timo, mostrando el mapa. Nuca, emocionada, aceptó la invitación de Timo para una nueva aventura.

Juntos, siguieron el mapa a través del bosque. Pasaron por un campo de flores, cruzaron un riachuelo saltando sobre piedras y encontraron un árbol gigante con un agujero en su base. Según el mapa, el tesoro estaba cerca de este árbol.

Nuca, con su habilidad para trepar, subió al árbol y miró desde arriba. "¡Creo que el tesoro está justo allí!" gritó, señalando un rincón del bosque que estaba lleno de grandes piedras.

Timo y Nuca se dirigieron al lugar indicado y empezaron a buscar entre las piedras. Finalmente, encontraron una caja vieja cubierta de musgo. Con mucho cuidado, la abrieron y descubrieron dentro un montón de nueces y zanahorias, junto con una nota que decía: "Este tesoro es para compartir entre amigos."

Timo y Nuca se miraron y sonrieron. Sabían que el verdadero tesoro era la aventura y la amistad que habían compartido. Volvieron a casa con las nueces y zanahorias, disfrutando de una deliciosa merienda juntos.

Desde aquel día, Timo y Nuca siguieron explorando el bosque, sabiendo que las mejores aventuras se viven con amigos.

Made in the USA
Las Vegas, NV
15 December 2024

14332051R00083